Corta y para

Un libro sobre cuñas

por Michael Dahl   ilustrado por Denise Shea
Traducción: Sol Robledo

Agradecemos a nuestras asesoras por su pericia:

Youwen Xu, Profesora
Department of Physics and Astronomy
Minnesota State University, Mankato, Minn.

Susan Kesselring, M.A.
Alfabetizadora
Rosemount–Apple Valley–Eagan (Minnesota) School District

PICTURE WINDOW BOOKS
Minneapolis, Minnesota

Redacción: Jacqueline Wolfe

Diseño: Joseph Anderson

Composición: Joseph Anderson

Dirección creativa: Keith Griffin

Dirección editorial: Carol Jones

Las ilustraciones de este libro se crearon con medios digitales.

Traducción y composición: Spanish Educational Publishing, Ltd.

Coordinación de la edición en español: Jennifer Gillis/Haw River Editorial

Picture Window Books

5115 Excelsior Boulevard

Suite 232

Minneapolis, MN 55416

877-845-8392

www.picturewindowbooks.com

Impreso en los Estados Unidos de América.

Library of Congress Cataloging-in-Publication Data

Dahl, Michael.

[Cut, chop, and stop. Spanish]

Corta y para : un libro sobre cuñas / por Michael Dahl ; ilustrado por Denise

Shea ; traducción, Sol Robledo.

p. cm. — (Ciencia asombrosa)

Includes bibliographical references and index.

ISBN-13: 978-1-4048-3210-7 (library binding)

ISBN-10: 1-4048-3210-6 (library binding)

ISBN-13: 978-1-4048-2523-9 (paperback)

ISBN-10: 1-4048-2523-1 (paperback)

1. Wedges—Juvenile literature. [1. Wedges.] I. Shea, Denise. II. Title.

TJ1201.W44D3418 2007

621.8'11—dc22   2006034352

Contenido

¡Ojo, que ahí va! Un árbol enorme cae en el bosque. ¿Qué lo tiró? ¿Le cayó un rayo, lo cortó una sierra eléctrica o lo tumbó una aplanadora? ¿Qué pudo haber sido tan fuerte para cortar el árbol? ¡Fue una cuña!

4

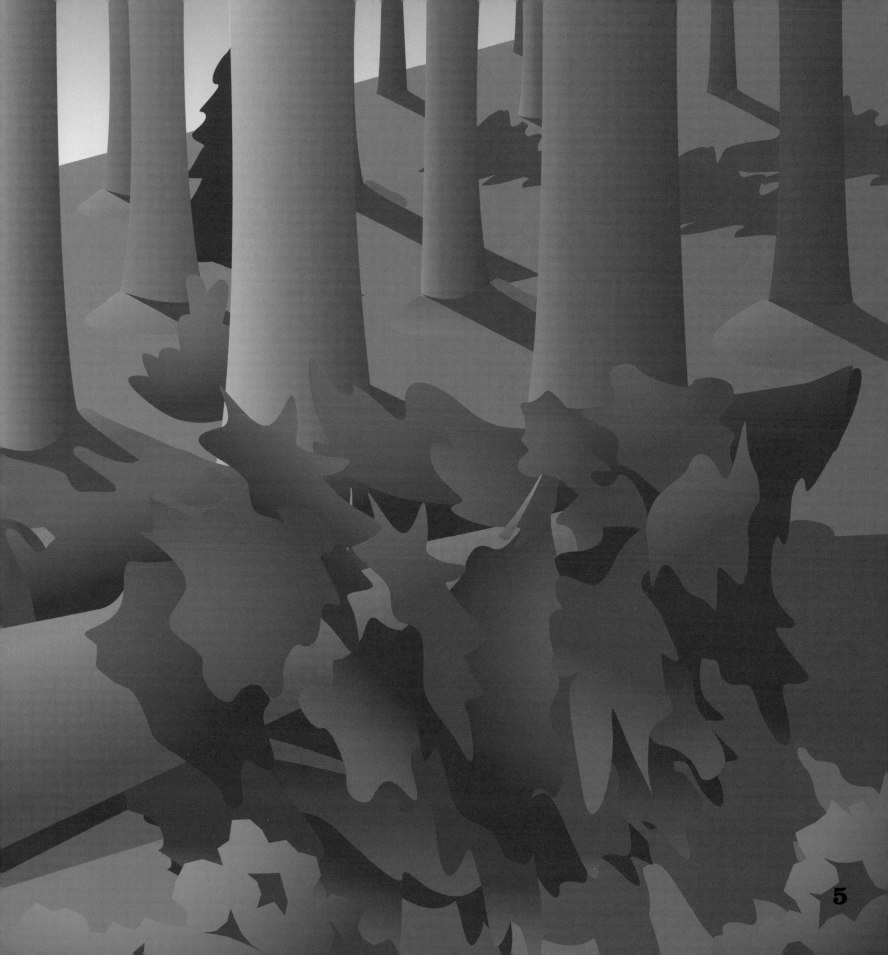

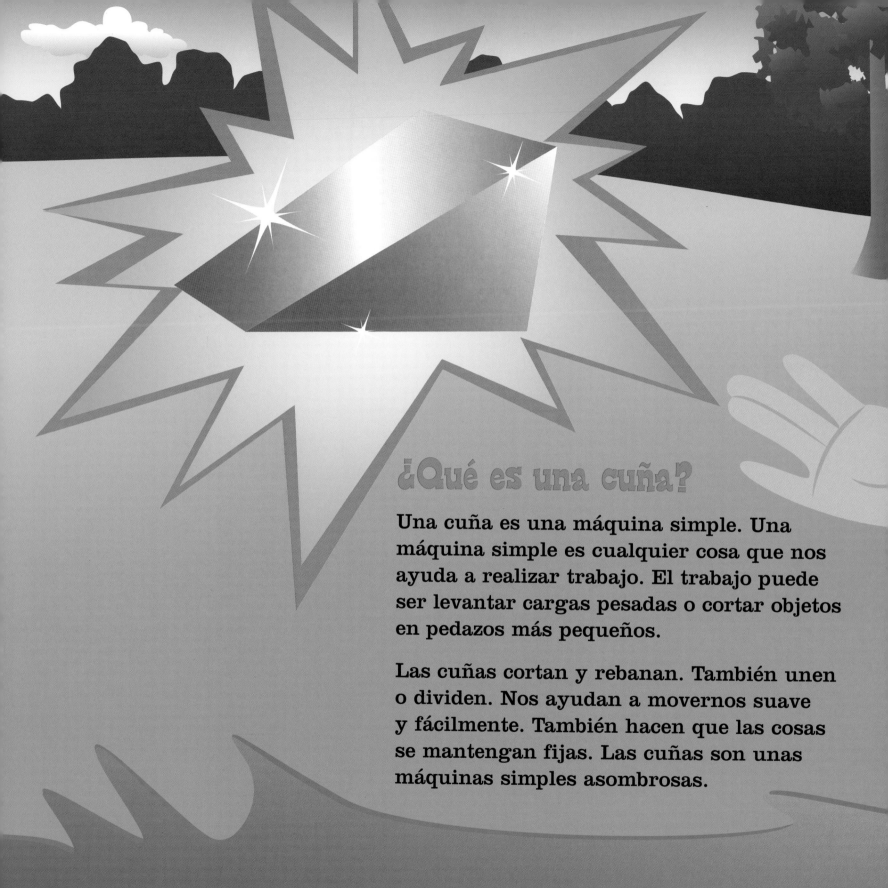

¿Qué es una cuña?

Una cuña es una máquina simple. Una máquina simple es cualquier cosa que nos ayuda a realizar trabajo. El trabajo puede ser levantar cargas pesadas o cortar objetos en pedazos más pequeños.

Las cuñas cortan y rebanan. También unen o dividen. Nos ayudan a movernos suave y fácilmente. También hacen que las cosas se mantengan fijas. Las cuñas son unas máquinas simples asombrosas.

Cuña de hierro

Las cuñas pueden ser grandes o pequeñas. La punta de un barco o de un trasatlántico tiene forma de cuña. La punta corta las olas y el barco avanza con más facilidad.

El cincel

El cincel es un tipo de cuña. Se le pega con un martillo pequeño para tallar, perforar, hurgar o rebanar la madera, el yeso o la piedra. Los carpinteros tallan diseños en bloques grandes de madera con cinceles.

Los escultores tienen cinceles
especiales para la piedra. Con
ellos hacen estatuas y tallan
decoraciones en los edificios.

La cabeza y la punta

Toma un pedazo de madera, un martillo y un clavo. Ahora pon la punta del clavo sobre la madera. Golpea cuidadosamente el lado plano con el martillo. El lado plano es la cabeza. Verás que el clavo entra fácilmente en la madera.

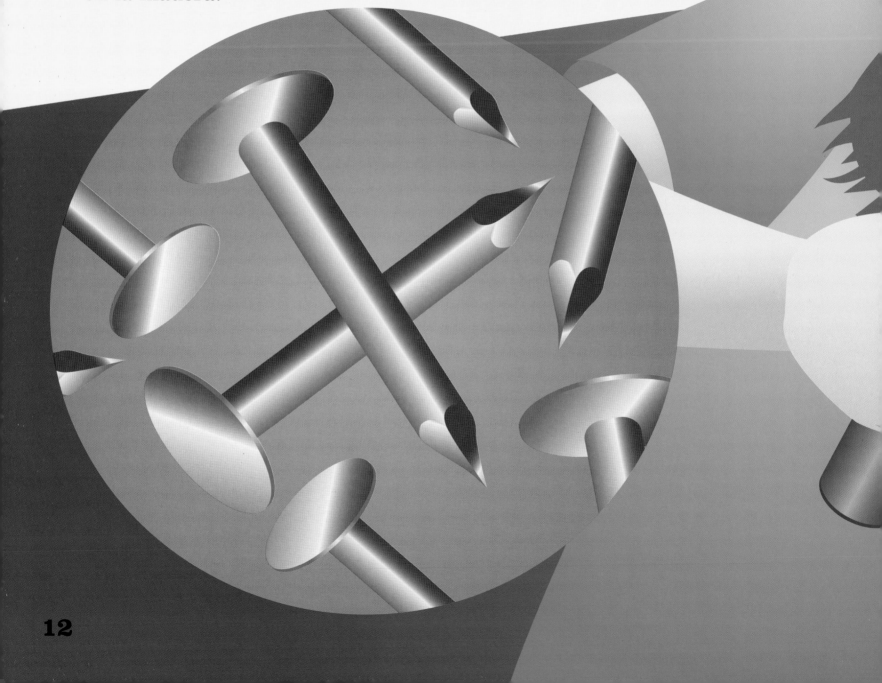

El lado puntiagudo del clavo
es una cuña. La cuña perfora
o atraviesa objetos.

Cuñas voladoras

Los aviones y los cohetes se abren paso en el aire con cuñas. La trompa de un avión es una cuña redondeada. Avanza fácil y suavemente por el aire.

15

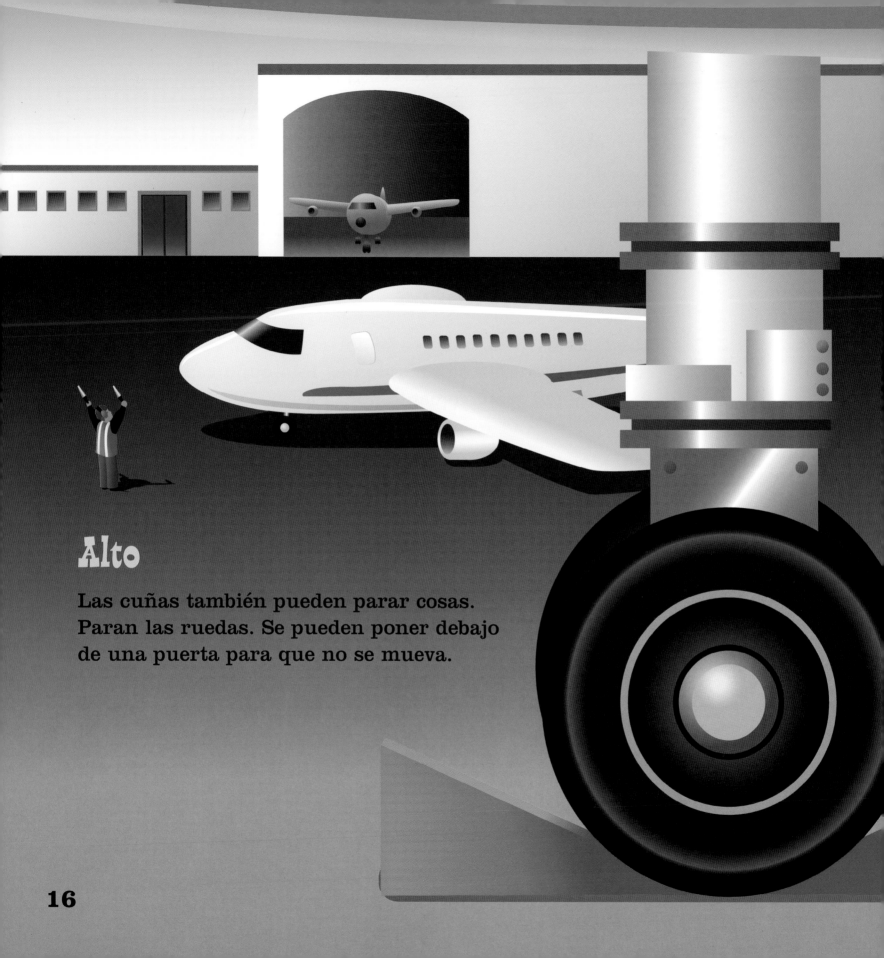

Alto

Las cuñas también pueden parar cosas.
Paran las ruedas. Se pueden poner debajo
de una puerta para que no se mueva.

Cuando una cosa empuja el lado
inclinado de la cuña, también
empuja el suelo. La cuña evita
que la cosa se mueva.

De forma especial

La cuña tiene una forma especial: tiene al menos un lado inclinado que termina en punta. Muchos alimentos tienen forma de cuña, como un pedazo de queso o una rebanada de pastel.

18

19

Las cuñas son unas máquinas simples muy útiles.
A veces, también son muy ricas, ¡mmmmmm!

21

Cómo funciona una cuña

Mira cómo la punta de una cuña atraviesa objetos con facilidad.

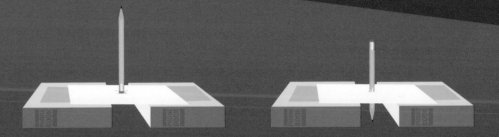

MATERIALES:

un lápiz afilado
un pedazo de papel grueso
un par de directorios
    telefónicos

PASOS:

1. Coloca los dos directorios el uno junto al otro. Deja más o menos
    1 ó 2 pulgadas (2.5 ó 5 centímetros) de distancia entre ellos.
2. Pon el papel sobre los directorios.
3. Pon el lápiz sobre el papel con el lado del borrador hacia abajo.
4. Ahora empújalo. ¿Atravesó fácilmente el papel?
5. Ahora voltea el lápiz con la punta hacia abajo.
6. Ahora empuja. ¿Atravesó fácilmente el papel?

PREGUNTAS:

1. ¿Por qué crees que un lado del lápiz puede pasar por el papel
    con mayor facilidad?

2. ¿Crees que importa el tamaño del lápiz?

Datos curiosos

El hacha es una de las herramientas más antiguas del mundo. Los científicos han encontrado hachas de piedra de trabajadores de la antigüedad. Algunas hachas de piedra tienen miles de años.

La fricción es la fuerza que hace que un objeto roce y se pegue a otro. Los topes de puerta se quedan fijos en el piso por la fricción.

Algunas cuñas tienen la punta redondeada. Los clavos, los alfileres y las agujas son cuñas.

Algunos barcos tienen cuñas especiales para abrirse camino entre el hielo grueso del mar.

Los cinceles también se llaman gubias.

Glosario

cincel—cuña que se usa para pulir, perforar o hurgar la madera, el yeso o la piedra
cuña—máquina simple que tiene un lado inclinado y termina en punta
máquina simple—cualquier cosa que ayuda a realizar trabajo

Aprende más

EN LA BIBLIOTECA

Mezzanotte, Jim. *Cómo funcionan las rampas,
las cuñas y los tornillos.* Minneapolis, MN:
Lerner Publishing, 2006.

Randolph, Joanne. *Cuñas en mi mundo.*
Nueva York: Rosen Publishing, 2006.

Walker, Sally M., Feldmann, Roseann y King,
Andy. *Planos inclinados y cuñas.* Minneapolis,
MN: Lerner Publishing, 2005.

EN LA RED

FactHound ofrece un medio divertido y confiable de buscar
portales de la red relacionados con este libro. Nuestros
expertos investigan todos los portales que listamos en
FactHound.

1. Visite *www.facthound.com*
2. Escriba una palabra relacionada con este
   libro o escriba este código: 1404813071
3. Oprima el botón FETCH IT.

¡FactHound, su buscador de confianza, le dará una lista
de los mejores portales!

BUSCA MÁS LIBROS DE LA SERIE CIENCIA ASOMBROSA:

Desliza y empuja: Un libro sobre rampas

Enrosca y une: Un libro sobre tornillos

Levanta y abre: Un libro sobre palancas

Llantas y rayos: Un libro sobre ruedas y ejes

Sube y baja: Un libro sobre poleas